Luisa Brisi

Gli strani ospiti

PRIMIRACCONTI PER RAGAZZI
LETTURE SEMPLIFICATE PER STRANIERI

A2-A2+

EDILINGUA

www.edilingua.it

Luisa Brisi si è laureata in Lingua e Letteratura Tedesca presso l'Università degli Studi di Udine. Ha vissuto per alcuni anni a New York, negli Stati Uniti, dove ha insegnato l'italiano e il tedesco alla U.N.I.S., la scuola delle Nazioni Unite. Al suo rientro in Europa si è stabilita dapprima in Germania, dove ha lavorato per molti anni come docente d'italiano in diverse scuole dell'Alta Baviera, e poi in Svizzera nel Cantone di San Gallo, dove continua ad insegnare.

A Bernardo, Anna e Valentina con grande affetto.

© **Copyright edizioni Edilingua**
Sede legale
via Alberico II, 4 00193 Roma
Tel. +30 06 96727307
Fax +30 06 94443138
info@edilingua.it
www.edilingua.it

Deposito e Centro di distribuzione
via Moroianni, 65 12133 Atene
Tel. +30 210 5733900
Fax +30 210 5758903

I edizione: settembre 2015
ISBN: 978-88-99358-01-3 (Libro + CD audio)
Redazione: Anna Gallo, Antonio Bidetti
Impaginazione e progetto grafico: Edilingua
Illustrazioni: Massimo Valenti
Registrazioni: *Autori Multimediali*, Milano

Edilingua sostiene **act:onaid**

Grazie all'adozione di questo libro, Edilingua adotta a distanza dei bambini che vivono in Asia, in Africa e in Sud America. Perché insieme possiamo fare molto! Ulteriori informazioni sul nostro sito.

Stampato su carta priva di acidi, proveniente da foreste controllate.

Ringraziamo sin da ora i lettori e i colleghi che volessero farci pervenire eventuali suggerimenti, segnalazioni e commenti (da inviare a redazione@edilingua.it).

Legenda dei simboli

Fai gli esercizi 1-4 nella sezione *Attività*   Ascolta la traccia n. 9 del CD audio

Indice

Indice delle tracce del CD audio

Premessa

La collana *Primiracconti* nasce dalle sempre più frequenti richieste da parte degli studenti di leggere "libri italiani". Tutti sappiamo però quanto ciò sia difficoltoso, soprattutto per studenti di livelli non avanzati; si è pensato quindi di realizzare racconti semplificati che potessero da una parte soddisfare il piacere della lettura, con un testo narrativo non troppo esteso né difficile da comprendere e dall'altra offrire un mezzo per raggiungere una maggiore conoscenza della lingua e della cultura italiana. Ogni racconto, infatti, è corredato da attività mirate allo sviluppo di varie competenze, in particolare quelle legate alla comprensione del testo e al consolidamento del lessico usato nel racconto, un lessico che comprende, non di rado, anche espressioni colloquiali o gergali molto diffuse in Italia, presentate sempre in contesto.

Il racconto si può collegare al secondo volume di *Progetto italiano Junior*. È arricchito di vivaci disegni originali (presenti anche nella sezione delle attività) che, oltre ad avere una funzione estetica, sono stati pensati e realizzati per aiutare lo studente a raggiungere una maggiore e più completa comprensione del testo. Allo stesso scopo sono state inserite le note a piè di pagina, ben calibrate nel testo per non appesantirne la lettura.

Ciascun capitolo del racconto è introdotto da una o due brevi domande che hanno lo scopo non soltanto di collegare il nuovo capitolo a quello precedente, ma soprattutto di mantenere alta e viva la motivazione dello studente-lettore, il quale viene introdotto nell'intreccio degli avvenimenti che il nuovo capitolo andrà a svelare.

Gli strani ospiti può essere usato sia in classe sia individualmente, così come le attività relative ad ogni capitolo possono essere svolte sia in gruppo sia dal singolo studente; da una parte, infatti, si fa riferimento alla lettura collettiva, sempre utile in classe in relazione a un testo narrativo; dall'altra si offre l'occasione unica di una lettura individuale, importante tanto per un eventuale e successivo lavoro in classe, quanto, e soprattutto, per lo studente nel suo percorso di studio dell'italiano.

Tutti i volumi della collana *Primiracconti* sono disponibili con il CD audio. Il CD, con la lettura a più voci del testo eseguita da attori professionisti, è importante non solo perché offre delle interessanti attività di ascolto, ma anche perché fornisce allo studente l'opportunità di ascoltare la pronuncia e l'intonazione corretta del testo, cosa quanto mai importante ai primi livelli e sicuramente sempre gradita.

Buona lettura!

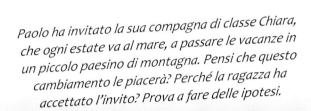

Paolo ha invitato la sua compagna di classe Chiara, che ogni estate va al mare, a passare le vacanze in un piccolo paesino di montagna. Pensi che questo cambiamento le piacerà? Perché la ragazza ha accettato l'invito? Prova a fare delle ipotesi.

Vacanze in montagna

Hanno lasciato l'autostrada da circa un'ora. Luisa, la mamma di Paolo, sorridendo dice:

– Coraggio, ragazzi! Tra poco siamo arrivati! Siete stanchi?

E senza aspettare la risposta, continua:

– Chiara, di solito, tu e la tua famiglia andate in vacanza al mare, vero? Vedrai, la montagna ti piacerà.

– Sì, è vero – le dice la ragazza – passiamo le vacanze e anche molti fine settimana al mare. Sa, i miei genitori hanno comprato alcuni anni fa un piccolo appartamento in Liguria, ma sono sicura che qui starò benissimo e la ringrazio ancora tanto per l'invito!

L'auto arriva nel piccolo paesino e si ferma davanti a una grande casa.

– Ecco – dice Paolo alla sua amica – questo è il nostro maso!

– Bello e anche molto grande! Ma maso, cosa significa?

– Maso – le spiega Paolo – è una grande abitazione. In passato nonni, zii, figli, nipoti... vivevano tutti insieme. Ti immagini? Adesso, nel nostro, ci abitano solo i nonni.

I nonni, felicissimi di rivederli, sono sulla porta e li salutano calorosamente. Dopo le presentazioni, i baci e gli abbracci, i ragazzi aiutano a portare i bagagli in casa.

– Vieni, Chiara, – le dice affettuosamente Luisa quando hanno finito – ti faccio vedere il maso, così puoi scegliere la camera che ti piace di più!

Alla fine della visita Chiara sceglie una stanza che dà sul giardino, con

una bellissima vista sulla valle e le montagne. Sistema le sue cose e scende in soggiorno, dove Paolo la aspetta.

– Forza, Chiara! Andiamo a fare un giro! Ti faccio vedere il paesino e ti presento i miei amici.

– D'accordo, andiamo.

– Non fate tardi, mi raccomando! – grida Luisa dalla cucina. – Il pranzo è pronto tra un'ora.

_____

mi raccomando! (espressione colloquiale): è importante, non dimenticare!

Una passeggiata per Ronchi

Per visitare Ronchi ci vuole poco tempo. Il paesino è formato da alcuni vicoli che portano sempre allo stesso posto: alla piazzetta con la grande fontana e con una chiesina antica. Lo completano una decina di masi, alcuni di loro disabitati per la maggior parte dell'anno. Un po' fuori il paese, nel bosco, si trova un vecchio chalet di legno. L'ha costruito, più di cento anni fa, un eccentrico e ricco abitante di Verona per passare i mesi più caldi e per venire a caccia in autunno. Agli attuali proprietari lo chalet non interessa molto. Più volte hanno tentato di venderlo, ma senza successo. Non vengono mai ma, di tanto in tanto, lo affittano. I genitori di Franco, uno degli amici di Paolo, sono i custodi dello chalet.

---

vicolo: via stretta.

disabitato: non abitato.

eccentrico: strano, originale, singolare, bizzarro.

attuali proprietari: le persone che adesso hanno lo chalet, possiedono lo chalet.

di tanto in tanto: qualche volta, raramente, non spesso.

custode: persona che ha la responsabilità di vigilare, tenere in ordine e sotto controllo un luogo.

capitolo 2

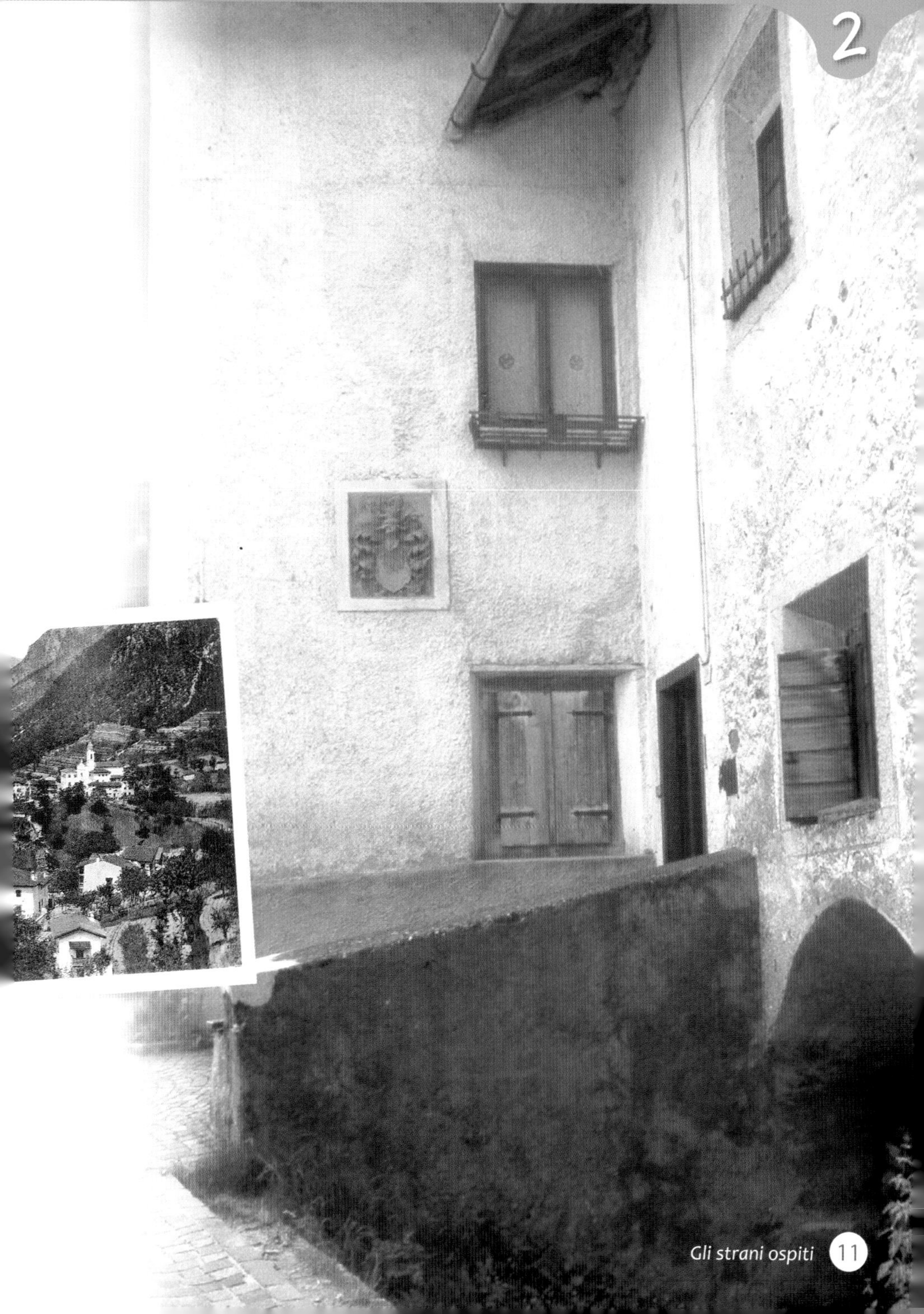

– Stasera andiamo allo chalet – spiega Paolo all'amica. – Ho una sorpresa per te! – e non aggiunge altro. Chiara vorrebbe sapere di più, ma per il momento non fa domande.

Paolo e Chiara camminano ancora un po' e arrivano in una piazzetta.

– Ciao Paolo! Come va? Quando sei arrivato? – dice Franco, felicissimo di vederlo. Seguono le presentazioni e forti abbracci. Dopo pochi minuti arriva anche la sorella di Franco, Anna, detta Annina, la più giovane del gruppo, una ragazzina magra con grandi occhi vispi.

– Ehi, Annina! – la saluta Paolo. Scherzosamente aggiunge: – Sempre una fan di Lady Gaia?

– Sempre! È grande! È la migliore! Io l'adoro! Sai che dopodomani dà un concerto a Milano? Vorrei tanto essere lì anch'io! – e sospira.

– Ma dai, su! Andrai a un suo concerto, però quando sarai più grande! – dice Paolo. Poi si rivolge a Franco e gli chiede: – Dove sono Vale e Mario?

– Sono giù in città. Oggi devono provare con la banda del paese per la festa di fine mese, ma stasera ci saranno anche loro. Adesso è ora di pranzo e vi dobbiamo lasciare. Vieni, Annina! Ci vediamo stasera, raga!

– Solito posto e solita ora?

– Certo! – gli risponde l'amico.

Tornando a casa, Paolo dà a Chiara alcune informazioni sui suoi amici:
– Allora, Franco e sua sorella Anna vivono qui a Ronchi, come anche Mario e sua sorella Vale. Tutti vanno a scuola nella piccola città in

---

vispo: vivace, intelligente.
sospira: respirare profondamente.
ma dai, su! (espressione colloquiale): significa «Non essere triste! Coraggio!».

pianura. Vale e Mario sono due bravi musicisti. Lei suona il flauto e lui la tromba, ma la loro passione è suonare la chitarra, come per te del resto.

– Sì, va bene, va bene... – lo interrompe Chiara impaziente – ma ora vuoi dirmi qualcosa su stasera e la sorpresa?

– Niente da fare! – risponde il ragazzo.

5 - 8

_____

niente da fare (espressione colloquiale): significa «No, non ti dico niente».

La banda delle aquile di Ronchi

Allora, mamma, noi andiamo! – dice Paolo dopo la cena. – Va bene! Ma non tornate tardi, mi raccomando, eh?

– Uffa, mamma!

Per strada Paolo racconta a Chiara il suo sogno: non passare più le vacanze a Ronchi con i genitori, ma da solo o con amici. Spera di poter andare l'anno prossimo a trovare dei parenti che abitano negli Stati Uniti.

– Pensa, vivono vicino a New York! Mi invitano ogni anno, ma la mamma dice sempre che sono ancora troppo piccolo per viaggiare da solo!

– Beh, non te la prendere, – lo incoraggia l'amica – forse l'anno prossimo cambiano idea! Ma dimmi, dove andiamo?

– Allora, questa mattina ti ho raccontato dello chalet nel bosco. Vicino c'è una ghiacciaia collegata alla casa da una porticina. Sai che cos'è una ghiacciaia?

– Hmm... Non esattamente! – gli risponde Chiara.

– La ghiacciaia è una specie di grande stanza nel terreno. In passato, serviva da frigorifero! La nonna mi ha raccontato che suo padre,

---

non te la prendere!: significa «Non arrabbiarti, non essere dispiaciuto!».

assieme ad altri tre uomini del paese, andava verso la fine dell'inverno in montagna e lì prendevano dei grandi blocchi di ghiaccio che trasportavano fino alla ghiacciaia. Durante l'estate servivano per conservare gli alimenti.

– E beh? Che c'entrate voi con la ghiacciaia? – lo interrompe Chiara.

– Ci incontriamo lì dentro. È il nostro club segreto, come in quel film americano, sai… Adesso non mi ricordo il titolo, ma il nome del nostro gruppo è "la banda delle aquile" di Ronchi. La ghiacciaia è un luogo nascosto e misterioso… Lì ascoltiamo musica, parliamo, discutiamo… Qualche volta accendiamo un piccolo fuoco… Insomma, vedrai!

---

blocco: grande pezzo, in questo caso, di ghiaccio.
che c'entrate voi con…: significa «Che relazione c'è tra voi e la…».
aquila: grande uccello che vive sulle montagne.

I nostri genitori sanno di questi incontri, ma fanno finta di niente. Sanno che siamo dei bravi ragazzi e si fidano.

– Wow! – esclama Chiara entusiasta – Siete veramente forti!

Quando arrivano al club, sono già tutti lì. Paolo presenta Chiara a Vale e a Mario, poi sussurra all'amica: – Ti prego, non parlare di Lady Gaia, altrimenti Annina ci fa sentire tutte le sue canzoni!

---

fare finta di niente: sapere bene cosa succede, ma non dire niente.
sussurrare: parlare a bassa voce per non farsi sentire dagli altri.

9 - 12

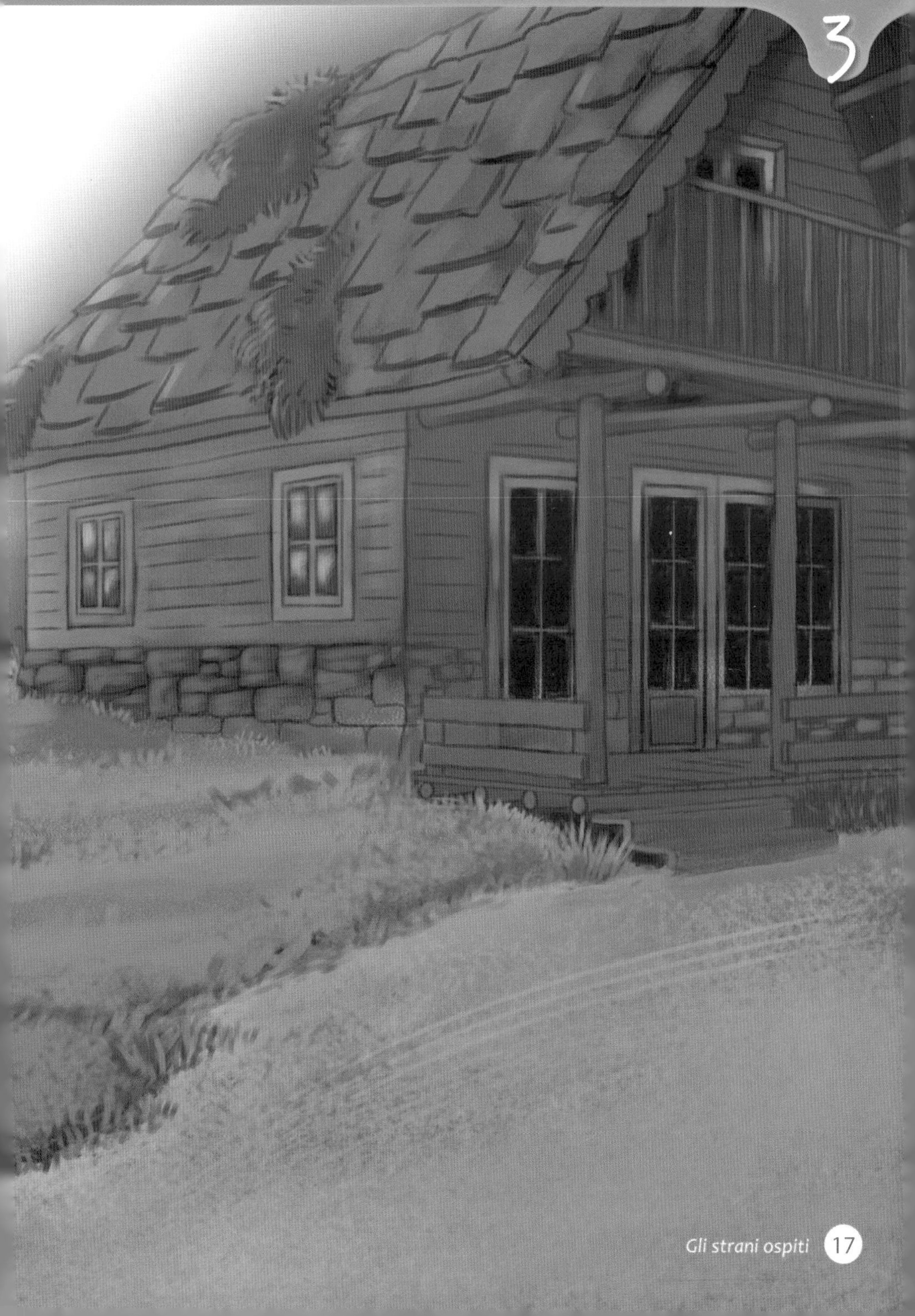

*Chi potrebbero essere gli ospiti dello chalet?
I ragazzi potranno continuare ad usare la ghiacciaia per i loro incontri? O dovranno trovare un altro posto? Prova a fare delle ipotesi.*

Allo chalet arrivano ospiti

Alcune sere più tardi Franco, durante la solita riunione nella ghiacciaia, dice: – Raga, brutte novità! Questa sera a cena mia madre ha detto che domani notte arriveranno degli ospiti allo chalet. Sono americani o forse inglesi, non lo so. Uno dei proprietari ha telefonato ieri alla mamma per dirle di preparare subito lo chalet. Negli ultimi anni non è venuto mai nessuno! E adesso che cosa facciamo?

Tutti tacciono pensierosi e dispiaciuti.

A un tratto Paolo rompe il silenzio: – Beh, possiamo sempre vedere chi sono questi ospiti. Forse

---

tacere: non parlare, restare in silenzio.
a un tratto: improvvisamente.

sono persone gentili che ci permetteranno di venire lo stesso alla ghiacciaia. Forse non ogni sera, ma…

– Ha ragione Paolo! – lo interrompe Vale – Buona idea! È meglio aspettare e conoscere i nuovi ospiti. Troveremo una soluzione! Adesso propongo di ascoltare la nuova canzone di…

Tutti sono d'accordo e la serata continua allegramente come sempre.

Due sere più tardi però il solito incontro serale non ha luogo nella ghiacciaia, ma nella camera di Franco che in tono preoccupato dice: – Raga, abbiamo dei problemi!

Gli altri gli chiedono in coro: – Che cosa è successo? Non fare tanto il misterioso! Su, racconta!

– Mia madre – dice Franco – questa mattina tardi è salita allo chalet. Ha bussato diverse volte alla porta, ma nessuno le ha aperto. Mentre andava via, una ragazza bionda si è affacciata e, in un italiano molto stentato e in un tono molto scortese, le ha ordinato di andarsene, di non tornare più, perché non avevano bisogno di niente... Quando

---

stentato: detto di una lingua (l'italiano in questo caso) parlata male, con molte difficoltà.

mia madre, offesa, è tornata alla macchina, ha visto un brutto ceffo che la guardava di nascosto da dietro una finestra.

– Uhm! – esclamano i ragazzi.
– Qui qualcosa non quadra!

– Accidenti, raga! Ma io ho dimenticato là la mia felpa! – dice Vale.

– E io il mio iPod – aggiunge Chiara. – Dobbiamo assolutamente tornare alla ghiacciaia – dicono le ragazze.

Gli altri non hanno nessuna voglia di tornare allo chalet. Vale arrabbiata esclama: – Begli amici che siete! Allora vado da sola!

– E io vengo con te! – conclude Chiara.

Gli altri le guardano.

– Su, su, dai! Tranquille! – dice Annina. – Lasciamo passare qualche giorno e dopo andiamo di sera, di nascosto. Cerchiamo di non farci vedere. E se ci scoprono, non ci mangeranno, no?

Così tutti, senza molto entusiasmo, accettano la proposta della ragazzina.

---

ceffo: uomo dall'aspetto poco rassicurante, uomo cattivo.
qualcosa non quadra (espressione colloquiale): qualcosa non convince, non va bene, non sembra in ordine.
felpa: maglia sportiva di lana o di cotone.

Riusciranno i ragazzi a riprendere le loro cose dalla ghiacciaia? Che cosa significa, secondo te, una serata movimentata? Una serata sportiva, una serata avventurosa o una serata in discoteca?

Una serata movimentata

Tre sere più tardi i ragazzi decidono di salire allo chalet. È il momento buono perché Mario nel tardo pomeriggio ha visto gli ospiti andare via con la loro Jeep.

La salita verso lo chalet non è allegra e spensierata come il solito. Nessuno parla, tutti camminano rapidamente: hanno fretta di tornare alle loro case. Quando arrivano, le luci della casa sono spente. – Meno male! Buon segno! – sussurra Chiara – Adesso sbrighiamoci!

I ragazzi entrano nella ghiacciaia e cercano di non fare rumore. Con una torcia elettrica cercano la felpa e l'iPod delle ragazze.
Nessuno parla, tutti si muovono velocemente. Ad un tratto Paolo sussurra:

---

meno male! (espressione colloquiale): per fortuna.
sbrigarsi: fare o finire qualcosa in fretta, affrettarsi, muoversi.
torcia elettrica: oggetto che serve per fare luce.

– Ehi, non avete sentito? Da dietro quella porticina arriva un…, come un lamento…

Gli altri sorpresi alzano la testa, ma non rispondono. Solo Mario reagisce:

– Quale lamento? Io non ho sentito niente! Ti sei sicuramente sbagliato! Muoviamoci, fuori di qui!

Quando hanno finito, vanno rapidamente verso l'uscita, aprono la porta e… improvvisamente una forte luce illumina le loro facce. Non vedono niente, ma sentono solo una voce cattiva e minacciosa che urla:

– What the hell are you doing here? Chi siete? Che cosa fate qui? Via, via! E non fatevi vedere mai più, altrimenti…

I ragazzi si stringono l'uno all'altro e si allontanano dalla ghiacciaia. Appena possibile cominciano a correre e si fermano solo quando vedono le prime case del paesino. Tacciono e

---

lamento: suono debole che esprime dolore.
stringersi: andare più vicino a qualcuno o qualcosa, avvicinarsi.

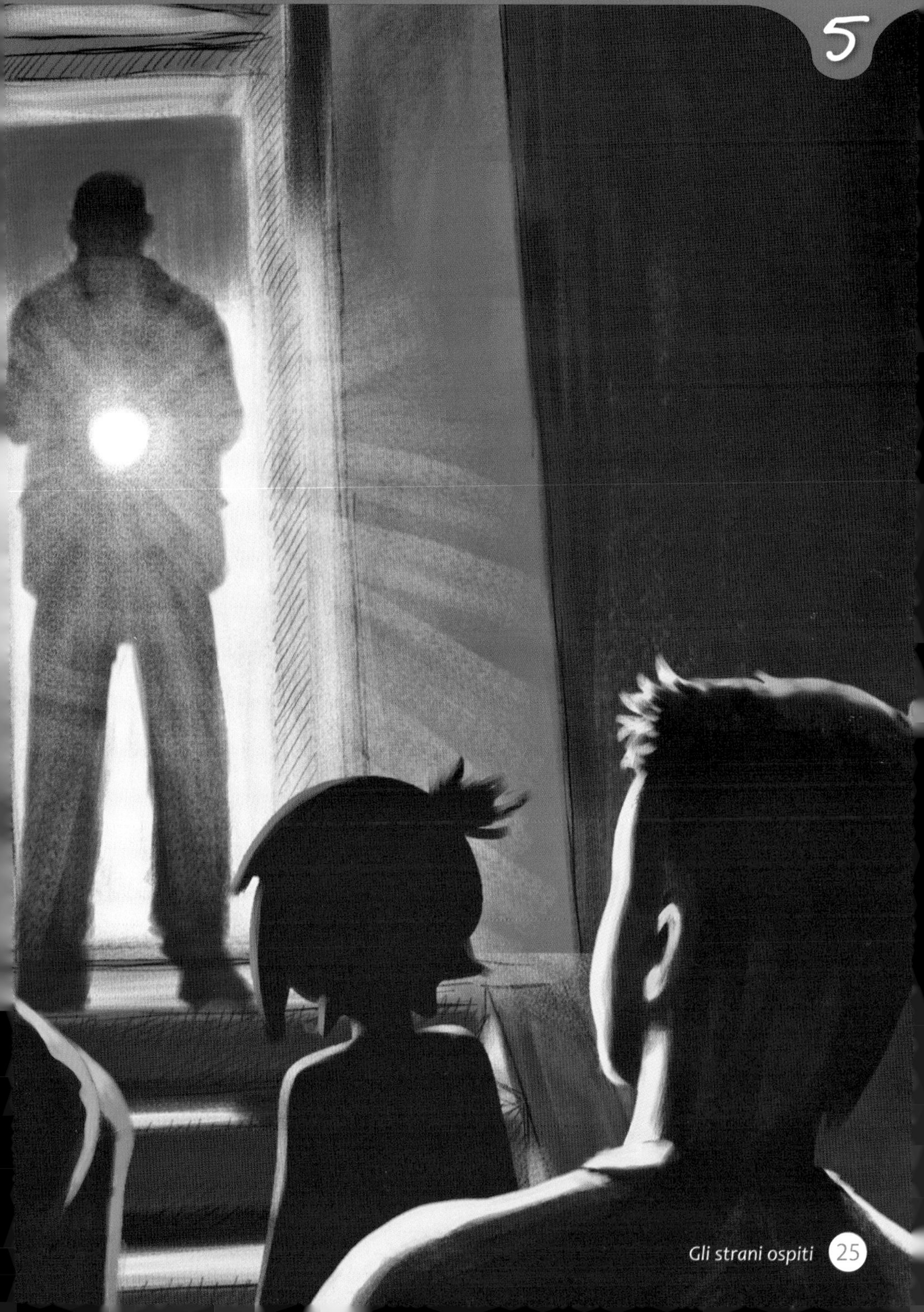

cercano di calmarsi. Dopo qualche minuto, Annina dice: – Ragazzi, che paura ho avuto! Io però ho capito ben poco…

Gli amici non la lasciano finire: – Annina, non ti basta? Smettila!

– Ragazzi – prosegue Vale, – non perdiamo la calma. Abbiamo passato un brutto momento ma è andato tutto bene. Abbiamo le nostre cose. Adesso andiamo a casa e cerchiamo di dimenticare quello che è successo.

Franco preoccupato aggiunge: – Se però i miei genitori lo sapranno, sono nei guai!

17-20

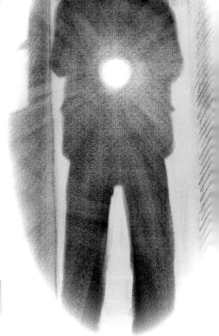

---

essere nei guai: essere in difficoltà, avere problemi (in questo caso con i genitori).

Secondo te, chi è il brutto ceffo? Perché ha minacciato i ragazzi? Paolo ha veramente sentito un lamento? Prova a fare delle ipotesi.

Una notte buia e senza stelle

Dopo quella serata avventurosa, Paolo continua a essere teso e preoccupato. Non può dimenticare il rumore che ha sentito provenire dalla porticina chiusa nella ghiacciaia. Ogni volta che tenta di parlarne con gli amici, nessuno gli dà retta. Mario, per farlo smettere, una sera gli dice: – Secondo mio padre, la porticina collega la ghiacciaia con la cantina dello chalet. Contento adesso? Dimentica questa storia e cerchiamo piuttosto un altro posto per il nostro gruppo e i nostri incontri!

Paolo è offeso: – Va bene! Io voglio assolutamente scoprire che cosa c'è dietro quella porta! E voi? Se non volete... non importa... vado da solo alla ghiacciaia!

Le sue parole fanno effetto sui ragazzi: – Hai vinto tu! – Ok! Veniamo anche noi!

---

teso: molto nervoso.
dare retta a qualcuno: ascoltare e credere a quello che dice qualcuno, seguire i suoi consigli.

Una sera, quando vedono gli ospiti lasciare lo chalet, decidono di agire. Franco è riuscito a prendere la chiave della famosa porticina, l'ha presa di nascosto da sua madre che, come custode e responsabile dello chalet, ha una copia di tutte le chiavi.

I ragazzi prendono il sentiero che porta allo chalet. Nessuno parla, tutti hanno una gran paura. Dalla casa non proviene nessun rumore. Tutte le luci sono spente.

– Avanti, ragazzi! – sussurra Paolo – Entriamo nella ghiacciaia e facciamo presto!

Con attenzione aprono la porta e scendono silenziosamente. Franco prende dalla tasca la chiave e senza difficoltà apre la famosa porticina. Tutti vorrebbero entrare per vedere che cosa c'è veramente in quella stanza illuminata da una fioca luce. Intravedono una brandina e sopra disteso qualcuno. Si avvicinano impauriti e davanti a loro vedono

---

fioco: detto di luce debole, soffusa, poco intensa.
intravedere: vedere da lontano e non bene, non vedere chiaramente.
brandina: lettino usato per il campeggio.

una ragazza legata e imbavagliata che, appena li vede, comincia ad agitarsi.

I ragazzi sono sorpresi, spaventati, terrorizzati e vorrebbero scappare. Paolo li blocca:
– Fermi! Avete visto? Avevo ragione! Avanti, su! Invece di stare lì immobili, aiutatemi a slegarla!

I ragazzi obbediscono e, appena la ragazza può parlare, comincia a dire agitata:
– Please, help me! Help me, hurry up!

---

imbavagliato: detto di persona a cui hanno chiuso la bocca con un pezzo di stoffa perché non parli, non gridi.
agitarsi: muoversi con forza.

Chi potrebbe essere la ragazza sulla brandina?
Perché gli ospiti dello chalet la tengono rinchiusa
nella cantina? Prova a fare delle ipotesi.

Una situazione pericolosa

Tutti guardano molto sorpresi la ragazza. Improvvisamente esplode nella stanza il grido di Annina: – Ma è Lady Gaia! Sì, sì, è proprio lei! L'ho riconosciuta! È lei! È lei!

Il fratello le chiude subito la bocca con una mano e le dice all'orecchio: – Ma sei impazzita? Ma quale Lady Gaia? Ci vuoi fare scoprire?!

Paolo aiuta la ragazza ad alzarsi, poi ordina agli altri di uscire subito dalla stanza, senza perdere tempo. La situazione è troppo pericolosa.

Quando escono all'aperto, trovano ad aspettarli non uno ma due brutti ceffi infuriati che urlano in inglese e li minacciano con le pistole.

La ragazza bionda afferra la prigioniera per un braccio e la trascina con rabbia e violenza verso la macchina. Nella confusione generale nessuno si accorge che Annina è riuscita a

---

infuriato: molto arrabbiato.
trascinare: tirare qualcuno con forza.

scappare e, senza girarsi, corre verso il paesino.

Una settimana più tardi, i ragazzi sono seduti sulle poltrone e sui divani nella suite di un lussuoso albergo. Non parlano, ma si guardano in giro incuriositi. Il padre di Franco e quello di Paolo si scambiano di tanto in tanto qualche parola, mentre le madri dei due ragazzi chiacchierano ininterrottamente.

– Pensa... – dice Luisa molto preoccupata – pensa che i nostri ragazzi sono stati veramente in pericolo...

– Su, su! – la interrompe Claudia, la mamma di Franco e Annina – Dimentica questa brutta storia! Come vedi sono sani e salvi! E poi io sono sicura che i criminali non volevano far loro del male. Adesso sappiamo che il loro piano era rapire Lady Gaia per chiedere un riscatto di molti milioni. Per fortuna Annina è riuscita a scappare, a scendere in paese e a dare l'allarme.

---

essere sano e salvo: espressione che indica chi è fuori pericolo.

rapire: portare via con la forza qualcuno, di solito, per chiedere in cambio della liberazione molti soldi.

riscatto: i soldi che si pagano in cambio della libertà di qualcuno, per liberare qualcuno che è stato rapito.

– Sì, sì... è stata veramente coraggiosa! – aggiunge Luisa.

– I carabinieri poi sono arrivati subito e sono riusciti a liberare Lady Gaia e i ragazzi.

– Sì, sì va bene... ma è stata comunque una brutta avventura, non ti pare?

25-28

---

carabiniere: soldato dell'esercito italiano che svolge anche funzioni di polizia; poliziotto, guardia.

La "Grande Mela"

Improvvisamente una delle porte della suite si apre e appare il manager della cantante, un signore sulla cinquantina molto elegante. Dietro di lui Lady Gaia fa il suo ingresso trionfale. La ragazza, vestita eccentricamente come sempre, è bellissima. Il tragico episodio non sembra averla *turbata*. Sempre sorridente...
La segue la sua segretaria che ha anche il compito di tradurre in italiano.

La cantante si avvicina ai ragazzi, li abbraccia e li bacia uno a uno, ma è ad Annina che dedica un'attenzione particolare. La stringe a lungo e con affetto. Si vede che è *commossa* e alla fine, asciugandosi le lacrime, dice:
– *Thank you, boys and girls!* Mi avete salvato la vita. Senza di voi oggi probabilmente non sarei qui!

Tutti sono emozionati e, soprattutto, senza parole.

– Ecco... – continua Lady Gaia molto felice – vorrei esprimervi la mia *riconoscenza* con un piccolo regalo. Ho saputo che siete dei bravi

---

turbato: disturbato, preoccupato, sconvolto, alterato.
commosso: emozionato, confuso.
riconoscenza: gratitudine; riconoscere di avere avuto un aiuto, un beneficio da qualcuno e ringraziarlo per questo.

musicisti, che suonate la chitarra, mi pare, e che tu, Annina *dear*, sei una mia fan. Allora io ho pensato di invitarvi tutti, anche i vostri genitori, *of course*, a venire da me a New York. Visiteremo insieme la città, andremo a dei concerti, avremo un sacco di *fun*… E poi ho anche pensato di incidere il mio nuovo CD con voi. Quelli che suonano la chitarra mi potranno accompagnare, mentre Annina ed io canteremo. Che ne dite?

Alla notizia la gioia di Annina è talmente grande che il fratello deve sostenerla.

Adesso però tocca ai genitori decidere. Cominciano a bisbigliare tra di loro. I ragazzi temono un rifiuto e li guardano con ansia, in silenzio. È il papà di Paolo che dopo alcuni minuti ringrazia la cantante e le dice che a nome di tutti i presenti è ben lieto di accettare il suo invito. E

---

bisbigliare: parlare a bassa voce.
temere: avere paura di qualcuno o di qualcosa.

allora la famosa Lady Gaia personalmente comincia a distribuire delle buste che le passa il manager. Quando i ragazzi le aprono, trovano… un biglietto aereo di andata e ritorno, *first class* naturalmente! Destinazione: la "Grande Mela".

29-32

la grande mela

Indice delle attività

Vacanze in montagna

1 **Vero o falso? Se hai risolto l'esercizio correttamente, con le lettere inserite sotto "vero o falso" troverai la parola misteriosa.**

	V	F
1. Di solito Chiara va in vacanza al mare in Sicilia.	L	M
2. I nonni salutano calorosamente Paolo e i suoi genitori.	A	P
3. Chiara sceglie una camera che dà sulla piazza del paese.	C	S
4. La cena è pronta tra un'ora.	Z	O

La parola misteriosa è ....

2 🔊 **9** **Cerca l'errore. Ascolta la traccia audio e correggi i sei errori presenti nel testo.**

– Coraggio, ragazzi! Tra poco siamo arrivati! Siete stanchi?
E senza aspettare la risposta, continua:
– Chiara, di solito, tu e la tua mamma andate in vacanza al mare, vero? Vedrai, la montagna ti piacerà.

– Sì, è vero, passiamo le vacanze e anche molti mesi al mare. Sa, i miei genitori hanno comprato alcuni anni fa un piccolo appartamento in Liguria, ma sono sicura che qui starò mega bene e la ringrazio ancora tanto per l'invito!

L'auto arriva nel piccolo paesino e si ferma davanti a una grande casa.
– Ecco – dice Paolo alla sua amica – questo è il loro maso!

– Bello e anche molto grande! Ma maso, cosa significa?

– Maso è una piccola abitazione. In passato nonni, zii, figli, nipoti... vivevano tutti insieme. Ti immagini? Adesso, nel nostro, ci abitano solo i nonni.

I nonni, felicissimi di rivederli, sono sulla finestra e li salutano calorosamente. Dopo le presentazioni, i baci e gli abbracci, i ragazzi aiutano a portare i bagagli in casa.

– Vieni Chiara, – le dice affettuosamente Luisa quando hanno finito – ti faccio vedere il maso, così puoi scegliere la camera che ti piace di più!

1. ....

2. ....

3. ....

4. ....

5. ....

6. ....

3 **Completa le frasi con i seguenti verbi.**

ringrazia   è   aiutano   si ferma   piacerà   aspetta

1. La mamma di Paolo è sicura che la montagna .... a Chiara.

2. Chiara .... i genitori di Paolo per l'invito.

3. La macchina .... davanti a una grande casa.

4. I ragazzi .... a portare i bagagli in casa.

5. Paolo .... Chiara in soggiorno.

6. Il pranzo .... pronto tra un'ora.

4 **Scrivi una breve e-mail a un tuo amico / una tua amica e invitalo/a a passare il fine settimana a casa tua.**

5 **Collega le parole alle immagini corrispondenti e scrivi l'articolo determinativo corretto.**

pianoforte   tromba   chitarra   violino   flauto

a. ....   b. ....   c. ....

d. ....   e. ....

6 **Correggi le affermazioni false.**

1. Per visitare Ronchi ci vuole molto tempo.

   ....

2. Un ricco abitante di Milano ha costruito lo chalet per venire a caccia in inverno.

   ....

3. La sorella di Franco si chiama Carolina ed è una fan di Madonna.

   ....

4. Vale e Mario non andranno all'appuntamento allo chalet.

....

5. Come Chiara anche Vale e Mario suonano il pianoforte.

....

7 Cerca nel crucipuzzle (in orizzontale e in verticale) i seguenti nomi di parentela.

nonno   sorella   mamma   nipote
zii   gli   nonna   cugini   genitori

N	O	N	N	A	F	L	S	F	Z
I	O	G	E	N	I	T	O	R	I
P	M	A	C	O	G	A	R	N	I
O	B	I	P	T	L	M	E	O	A
T	U	F	I	T	I	D	L	N	B
E	C	U	G	I	N	I	L	N	C
M	A	S	M	A	M	M	A	O	P

8 🔘🔟 **Ascolta il brano e completa gli spazi vuoti.**

– Ciao Paolo! Come va? Quando sei arrivato? – dice Franco, felicis-simo di (1)................................. Seguono le presentazioni e forti ab-bracci. Dopo pochi minuti, arriva anche la sorella di Franco, Anna, detta Annina, la più giovane del gruppo, una (2)................................. magra con grandi occhi vispi.

– Ehi, Annina! – la saluta Paolo. Scherzosamente aggiunge: – Sem-pre una fan di Lady Gaia?

– Sempre! È grande! È la migliore! Io l'adoro! Sai che (3)................... .... dà un concerto a Milano? Vorrei tanto essere lì anch'io! – e sospira.

– Ma dai, su! Andrai al suo (4)................................., però quando sa-rai più grande! – dice Paolo. Poi si rivolge a Franco e gli chiede: – Dove sono Vale e Mario?

– Sono giù in città. Oggi devono provare con la (5)........................... del paese per la festa di fine mese, ma stasera ci saranno anche loro. Adesso è ora di pranzo e vi (6)................................. lasciare. Vie-ni, Annina! Ci vediamo stasera, raga!

– Solito posto e solita ora?

– Certo!

apitolo 3) La banda delle aquile di Ronchi

9 Risolvi il cruciverba.

Orizzontali

5. Annina costringe gli amici a sentire tutte quelle di Lady Gaia.
6. Stagione dell'anno dopo l'autunno.
7. Si conservavano nella ghiacciaia.

Verticali

1. I ragazzi lo accendono, a volte, nella ghiacciaia.
2. Il nome della mamma di Paolo.
3. L'animale della "Banda di Ronchi".
4. Quelli di Paolo abitano vicino a New York.

10 **Completa le frasi con le espressioni colloquiali date.**

> Mi raccomando   Ma dai, su   niente da fare
> non te la prendere   fanno finta di niente

1. Ragazzi, ...! I miei genitori non mi lasciano uscire stasera!

2. Tornate a casa presto stasera! ....!

3. ....! Non fare tragedie! Andrai un'altra volta al concerto di Lady Gaia.

4. Lo sanno tutti che ci incontriamo nel parco ogni sera, ma ....
....

5. Non c'erano più biglietti per il concerto di Tiziano Ferro? Beh, ...!

11 **Unisci correttamente le frasi.**

1. Paolo vorrebbe passare

a. non parlare di Lady Gaia.

2. Vicino allo chalet c'è una ghiacciaia

b. e qualche volta accendiamo un piccolo fuoco.

3. Il padre di mia nonna e altri 3 uomini

c. andavano in montagna a prendere blocchi di ghiaccio.

4. Nella ghiacciaia ascoltiamo musica, parliamo, discutiamo

d. collegata alla casa da una piccola porta.

5. Paolo chiede a Chiara di

e. le vacanze da solo o con amici.

12 ⊙⏾11 **Ascolta la traccia audio e trova il contrario di...**

1. sera ....

2. lontano ....

3. piccolo ....

4. donne ....

5. inizio ....

1 3 Paolo, Chiara e Vale scrivono a un'amica dei brevi messaggi. In uno, però, c'è un errore. In quale?

1 4 (•12) **Ascolta più volte la traccia audio. Le parole date sono tutte presenti nel brano, ma alcune non sono scritte in modo corretto. Quali?**

1. madre   ....
2. ragaza   ....
3. sdentato   ....
4. scorzese   ....
5. andarsene   ....
6. niente   ....
7. macchia   ....
8. ginestra   ....

15 **Rispondi alle domande.**

1. Quali sono "le brutte novità" che Franco racconta ai suoi amici?

   ....

2. Qual è la reazione di Paolo?

   ....

3. Perché due sere più tardi la solita riunione ha luogo nella camera di Franco?

   ....

4. Che cosa è successo alla mamma di Franco durante la sua visita allo chalet?

   ....

5. Che cosa hanno dimenticato Chiara e Vale nella ghiacciaia?

   ....

6. Che cosa propone Annina?

   ....

16 **Sostituisci con un pronome diretto o indiretto le parole in rosso.**

1. Ieri uno dei proprietari ha telefonato alla mamma.
   a *gli*   **b** *la*   **c** *le*

2. Vale interrompe Paolo.
   a *lo*   **b** *le*   **c** *li*

3. I ragazzi dicono a Franco di non fare il misterioso.
   a *le*   **b** *gli*   **c** *la*

4. La mamma ha visto un brutto ceffo allo chalet.
   a *le*   **b** *gli*   **c** *lo*

5. Gli altri guardano Vale e Chiara.
   a *gli*   **b** *li*   **c** *le*

17 **Collega le parole alle immagini e poi scrivi 5 brevi frasi riferendoti al testo del capitolo 5.**

> *Jeep*   *torcia elettrica*   *felpa*   *iPod*   *ghiacciaia*

1. ....   2. ....

3. ....   4. ....   5. ....

1. ....

2. ....

3. ....

4. ....

5. ....

18 **🔊 13 Ascolta il brano e indica le 5 parole o espressioni NON presenti.**

1. decidono di salire ☐   3. salita ☐

2. tarda mattinata ☐   4. il solito ☐

5. lentamente ☐

6. meno male ☐

7. torcia elettrica ☐

8. davanti a ☐

9. alzano le mani ☐

10. certamente ☐

19 **Metti gli eventi nel corretto ordine cronologico.**

a. Una voce cattiva e minacciosa gli urla di andarsene al più presto.

b. I ragazzi possono salire allo chalet, perché il momento è favorevole.

c. Paolo sente un lamento provenire da una stanza vicino alla ghiacciaia.

d. Con una torcia elettrica i ragazzi illuminano la ghiacciaia e cercano velocemente la felpa e l'iPod.

e. I ragazzi sono felici di essere arrivati sani e salvi in paese.

f. Quando arrivano allo chalet tutte le luci sono spente.

g. Quando escono dalla ghiacciaia una forte luce li abbaglia.

1. .... 2. .... 3. .... 4. .... 5. .... 6. .... 7. ....

20 **Indica la parola estranea.**

1. **a.** sera **b.** mese **c.** pomeriggio **d.** mattina

2. **a.** maso **b.** chalet **c.** Jeep **d.** casa

3. **a.** porta **b.** iPod **c.** portone **d.** porticina

4. **a.** giornale **b.** testa **c.** mano **d.** braccio

5. **a.** occhiali **b.** felpa **c.** maglione **d.** giaccone

21 **Che cosa significano queste espressioni?**

1. *Dare retta a qualcuno*
   - **a.** Ascoltare, dare attenzione a quello che ci dice qualcuno.
   - **b.** Seguire la stessa direzione di qualcuno.
   - **c.** Ignorare quello che ci dice qualcuno.

2. *Fare effetto*
   - **a.** Avere un buon risultato.
   - **b.** Essere poco efficace.
   - **c.** Avere sentimenti per qualcuno.

3. *Prendere qualcosa di nascosto*
   - **a.** Prendere qualcosa con l'aiuto degli altri.
   - **b.** Prendere qualcosa senza il permesso degli altri.
   - **c.** Prendere qualcosa per venderlo.

22 **14** **Ascolta il brano e completa il testo con le preposizioni.**

Le sue parole fanno effetto sui ragazzi: – Hai vinto tu! Ok! Veniamo anche noi!

Una sera, quando vedono gli ospiti lasciare lo chalet, decidono (1)........................ agire. Franco è riuscito a prendere la chiave della famosa porticina, l'ha presa di nascosto (2)........................ sua madre che, come custode e responsabile dello chalet, ha una copia di tutte le chiavi.

I ragazzi prendono il sentiero che porta (3)........................ chalet. Nessuno parla, tutti hanno una gran paura. (4)........................ casa non proviene nessun rumore. Tutte le luci sono spente.

– Avanti, ragazzi! – sussurra Paolo – Entriamo (5).......................... ghiacciaia e facciamo presto!

(6).......................... attenzione aprono la porta e scendono silenziosamente. Franco prende (7).......................... tasca la chiave e senza difficoltà apre la famosa porticina. Tutti vorrebbero entrare (8)..........................
vedere che cosa c'è veramente in quella stanza illuminata da una fioca luce. Intravedono una brandina e sopra disteso qualcuno.

23 **Indica (✓) le affermazioni vere.**

1. Dopo quella sera Paolo è preoccupato. ☐

2. La porticina collega la ghiacciaia con il soggiorno dello chalet. ☐

3. Mentre salgono allo chalet, i ragazzi non parlano e hanno paura. ☐

4. La casa è illuminata. ☐

5. Sulla brandina è disteso un cane che si lamenta. ☐

6. I ragazzi sono spaventati e vorrebbero scappare. ☐

24 **E tu, cosa pensi di Paolo e dei suoi amici? Tu ritorneresti allo chalet?**

Gli strani ospiti

25 Annina racconta ai carabinieri che cosa è successo allo chalet. È troppo emozionata e fa alcuni errori. Trovali. Attenzione: il primo paragrafo del racconto si riferisce al capitolo precedente!

Mario voleva assolutamente sapere che cosa si nascondeva dietro la piccola finestra della ghiacciaia. Visto che avevamo la chiave della porticina, mio fratello l'aveva presa di nascosto da nostra madre, ci siamo incamminati verso lo chalet. Quando Paolo ha aperto la piccola porta, abbiamo visto un grande letto con sopra una ragazza che dormiva.

Io l'ho riconosciuta subito e ho gridato «È Madonna! Sì, sì... è proprio lei!». Ma immediatamente mio fratello Franco mi ha chiuso il naso. Senza perdere tempo, dopo che Paolo ha aiutato la ragazza ad alzarsi, siamo usciti fuori correndo. Ma appena fuori dallo chalet ci hanno fermato tre uomini che urlavano e ci minacciavano con i coltelli. Nella confusione io sono riuscita a scappare verso il paese.

1. .... 5. ....

2. .... 6. ....

3. .... 7. ....

4. .... 8. ....

26 Sei giornalista e devi scrivere un articolo per il tuo giornale. Scrivi 3 domande che vorresti fare ai ragazzi.

1. ....?

2. ....?

3. ....?

27 (◎ 15) **Ascolta il brano e completa le frasi (max 4 parole).**

1. Il padre di Franco e quello di Paolo si scambiano ....
.... qualche parola, mentre le madri dei due ragazzi chiacchierano ininterrottamente.

2. – Su, su! – la interrompe Claudia, la mamma di Franco e Annina – Dimentica questa brutta storia! Come vedi sono ....
....!

3. – I carabinieri poi sono arrivati subito e ....
.... liberare Lady Gaia e i ragazzi.

28 a. **Osserva le foto di questi 4 famosi cantanti e scrivi chi preferisci tra loro e perché?**

....
....
....

b. **Chi è il/la cantante, famoso/a nel tuo Paese, che preferisci? Perché? Scrivi un breve commento.**

....
....
....

29 Adesso che hai letto anche l'ultimo capitolo, prova a scrivere un breve riassunto della storia.

....

....

....

....

....

....

30 🔘 ⟨16⟩ **Ascolta il brano e scegli le espressioni giuste.**

La cantante (1) è vicina / si avvicina / avvicina ai ragazzi, li abbraccia e li bacia uno a uno, ma è ad Annina che dedica un'attenzione particolare. La stringe a lungo e (2) con rispetto / con sospetto / con affetto. Si vede che è commossa e alla fine, asciugandosi le lacrime, dice:

– *Thank you, boys and girls!* Mi avete salvato la vita. Senza di voi (3) domani / oggi / ieri probabilmente non sarei qui!

Tutti sono emozionati e, soprattutto, senza parole.

– Ecco – continua Lady Gaia molto felice – (4) Vorrei / Volevo / Voglio esprimervi la mia riconoscenza con un piccolo regalo. Ho saputo che siete dei bravi (5) bassisti / artisti / musicisti, che suonate la chitarra, mi pare, e che tu, Annina *dear*, sei una mia fan. Allora io ho pensato di invitarvi tutti, anche i (6) vostri / nostri / loro genitori, *of course*, a venire da me a New York. Visiteremo insieme la città, andremo a dei concerti, avremo un sacco di *fun*... E poi ho anche pensato di incidere il mio nuovo CD con voi. Quelli che (7) sentono / suonano / spiegano la chitarra mi potranno accompagnare, mentre Annina ed io canteremo. Che ne dite?

31 **Il testo dice che la cantante "è vestita eccentricamente". Abbina le foto ai capi di abbigliamento e agli accessori.**

a. giacca

b. gonna

c. maglietta

d. pantaloni

e. scarpe

f. occhiali

g. orecchini

h. borsa

32 Prova a immaginare il programma del soggiorno a New York dei ragazzi e dei loro genitori.

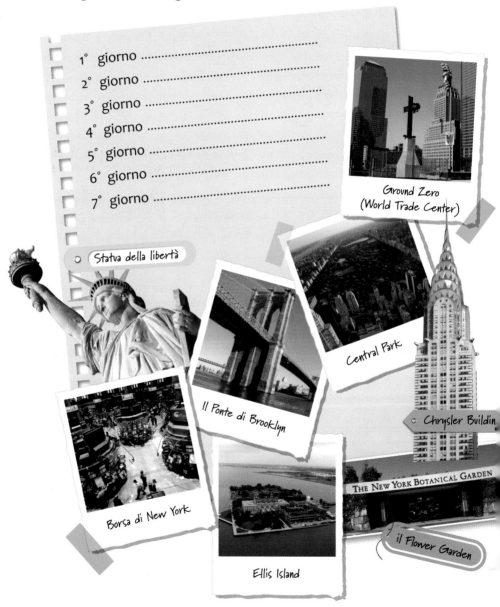

1° giorno ....

2° giorno ....

3° giorno ....

4° giorno ....

5° giorno ....

6° giorno ....

7° giorno ....

Ground Zero
(World Trade Center)

Statua della libertà

Central Park

Il Ponte di Brooklyn

Chrysler Buildin

Borsa di New York

Ellis Island

THE NEW YORK BOTANICAL GARDEN

il Flower Garden

Capitolo 1

1. 1. F, 2. V, 3. F, 4. F, maso

2. 1. tu e la tua famiglia (tu e la tua mamma), 2. molti fine settimana (molti mesi), 3. starò benissimo (starò mega bene), 4. il nostro maso (il loro maso), 5. una grande abitazione (una piccola abitazione), 6. sono sulla porta (sono sulla finestra)

3. 1. piacerà, 2. ringrazia, 3. si ferma, 4. aiutano, 5. aspetta, 6. è

4. Risposta libera

Capitolo 2

5. a. tromba, b. violino, c. flauto, d. pianoforte, e. chitarra

6. 1. Per visitare Ronchi ci vuole poco (molto) tempo.; 2. Un ricco abitante di Verona (Milano) ha costruito lo chalet per venire a caccia in autunno (inverno).; 3. La sorella di Franco si chiama Anna/Annina (Carolina) ed è una fan di Lady Gaia (Madonna).; 4. Vale e Mario andranno (non andranno) all'appuntamento allo chalet.; 5. Come Chiara anche Vale e Mario suonano la chitarra (il pianoforte).

7.

N	O	N	N	A	F	L	S	F	Z
I	O	G	E	N	I	T	O	R	I
P	M	A	C	O	G	A	R	N	I
O	B	I	P	T	L	M	E	O	A
T	U	F	I	T	U	D	L	N	B
E	C	U	G	I	N	I	L	N	C
M	A	S	M	A	M	M	A	O	P

8. 1. vederlo, 2. ragazzina, 3. dopodomani, 4. concerto, 5. banda, 6. dobbiamo

Capitolo 3

9.

						[1]F		[2]L
[3]A			[4]P			U		U
Q		[5]C	A	N	Z	O	N	I
U			R			C		S
[6]I	N	V	E	R	N	O		A
L			N					
A			T					
	[7]A	L	I	M	E	N	T	I

10. 1. niente da fare, 2. Mi raccomando, 3. Ma dai, su, 4. fanno finta di niente, 5. non te la prendere

11. 1. e, 2. d, 3. c, 4. b, 5. a

12. 1. mattina, 2. vicino, 3. grande, 4. uomini, 5. fine

Capitolo 4

13. Chiara: Arrivano ospiti (Arrivano i cugini dei proprietari)

14. 2. ragazza (ragaza), 3. stentato (sdentato), 4. scortese (scorzese), 7. macchina (macchia), 8. finestra (ginestra)

15. Risposte suggerite: 1. Domani notte arriveranno degli ospiti allo chalet e non potranno più andare alla ghiacciaia; 2. Aspettare e conoscere i nuovi ospiti; 3. Perché hanno dei problemi con gli ospiti...; 4. Nessuno le ha aperto e una ragazza le ha ordinato di andarsene, mentre un brutto ceffo la guardava dalla finestra; 5. Chiara ha dimenticato l'iPod, Vale ha dimenticato la sua felpa; 6. Propone di lasciar passare qualche giorno e dopo andare alla ghiacciaia di sera, di nascosto.

16. 1. c, 2. a, 3. b, 4. c, 5. c

Capitolo 5

17. 1. iPod, 2. Jeep, 3. felpa, 4. ghiacciaia, 5. torcia elettrica

18. 2. tarda mattinata, 5. lentamente, 8. davanti a, 9. alzano le mani, 10. certamente

19. 1. b, 2. f, 3. d, 4. c, 5. g, 6. a, 7. e

20. 1. b, 2. c, 3. b, 4. a, 5. a

Capitolo 6

21. 1. a, 2. a, 3. b

22. 1. di, 2. da, 3. allo, 4. dalla, 5. nella, 6. con, 7. dalla, 8. per

23. 1, 3, 6

24. Risposta libera

Capitolo 7

25. Paolo (Mario) voleva assolutamente sapere che cosa si nascondeva dietro la piccola porta (finestra) della ghiacciaia. ... Quando Paolo ha aperto la piccola porta, abbiamo visto una brandina (un grande letto) con sopra una ragazza che si agitava (dormiva). Io l'ho riconosciuta subito e ho gridato «È Lady Gaia (Madonna)! Sì, sì... è proprio lei!». Ma immediatamente mio fratello Franco mi ha chiuso la bocca (il naso). ... Ma appena fuori dallo chalet ci hanno fermato due (tre) uomini che urlavano e ci minacciavano con le pistole (i coltelli). Nella confusione io sono riuscita a scappare verso il paese.

26. Risposta libera

27. 1. ti tanto in tanto, 2. sani e salvi, 3. sono riusciti a

28. Risposta libera

Capitolo 8

29. Risposta libera

30. 1. si avvicina, 2. con affetto, 3. oggi, 4. vorrei, 5. musicisti, 6. vostri, 7. suonano

31. 1. f, 2. c, 3. h, 4. d, 5. b, 6. a, 7. g, 8. e